Was kann einem
Schöneres widerfahren,
als ein Juwel
mit heilenden Kräften
sein eigen zu nennen.

MEDINA COENEGRACHTS

Medina Coenegrachts

Heilende Steine

BuchVerlag
für die Frau

Bildnachweis
Innentitel, S. 9-14, 19, 21, 62, 63, 70, 73, 78, 107, 114-121: Groh + Ripp, Idar-Oberstein
S. 17, 45, 69, 91: Deutsches Edelsteinmuseum Idar-Oberstein, Fotos: Jürgen Karpinski/Jeff Scovil
S. 23-27, 60, 75, 84, 97: Nadja Ziller
S. 30, 33, 50/51, 55, 67, 77, 88, 96, 99: Christine Paxmann
S. 32, 36, 41, 43, 58, 79, 86, 90, 101, 102, 108: ICA – Gem Bureau Europe
S. 35, 38, 48, 64/65, 82: Progem Marketing Gesellschaft, Idar-Oberstein
Titel, S. 38, 71, 113: Urheber unbekannt

ISBN 3-89798-188-2

Gesamtgestaltung:
Christine Paxmann Grafik Design, München
Einband: Ingo Engel, München
DTP-Satz und Layout: Ingo Engel, München
Druck: Klingenberg Buchkunst Leipzig
Buchbinderische Verarbeitung:
Müller Buchbinderei GmbH Leipzig

Printed in Germany

www.buchverlag-fuer-die-frau.de

INHALT

Nützlich und schön – Edelsteine

Wie verführerisch und voller Zauber sind edle Steine. Wie hinreißend schön, kostbar und begehrenswert. Alle Formen und Farben bieten sie an: von überschwänglich sprühender Pracht bis zur sanften Bescheidenheit. Da ist der klare Bergkristall. Was für ein Anblick. Er gleicht dem erstarrten Eis. Und da die Rubine, Granate, Rubellite – es sind Funken, Glut, Flammen. Sie brennen und verbreiten Wärme. Die zarten blauen Töne sind bei Aquamarin, blauem Topas und hellem Saphir zu finden. Sie erinnern an den endlosen Sommerhimmel oder an die Tiefen der südlichen Meere. Smaragde, grüne

Turmaline, Dematoide, Tsavorite – sind Alpenwiesen im Frühling. Jeder der Steine zeigt ein anderes Grün und einer funkelt schöner als der andere.
Edelsteine sind in der Tat einmalig. Sie besitzen ewige, unvergängliche Schönheit und einzigartige Anziehungskraft. Und all diese edlen Steine und Kristalle, oft von großer Seltenheit und unvergleichlicher Formvollendung, haben noch andere Vorzüge: sie sind die Träger geheimer Kräfte. Sie erheben uns in eine lichte Welt, sie erweitern und intensivieren unser Bewusstsein und sie heilen unseren physischen Körper. Diese heilenden Kräfte wirken auch dann, wenn man sie nicht wahrnimmt oder kennt.
Seit Urzeiten hat man in vielen Kulturen von der Heilwirkung der edlen

Steine gewusst und diese entsprechend eingesetzt. Inder, Chinesen, Chaldäer, Babylonier, Assyrer, Ägypter, Griechen, Römer, Araber, Indianer und Europäer, dort allen voran die heilige Hildegard von Bingen, haben mit Edelsteinen geheilt.

Wissenschaften wurden daraus entwickelt, Bücher geschrieben und Rezepturen zusammengestellt. Die heilenden Kräfte der Edelsteine werden in der Technik, Heilkunde und Goldschmiedekunst, in der Parapsychologie, Religion und Astrologie genutzt.

In knapper Form stellt dieser kleine Ratgeber heilende Steine und Kristalle mit all ihren Merkmalen und Heilwirkungen vor. Für einen Sachverständigen und Liebhaber sind die Steine nicht tot. Sie sind voller Leben, Ausdruckskraft und Energie. Man muss sie annehmen, auf sich einwirken lassen, sie lieben und behutsam behandeln. Eine Fülle heilender Kräfte wird auf den Träger übergehen – auf seine Seele, den Geist und Körper – sanft, unaufdringlich, schonend, mit entwaffnendem Zauber und berückenden Farben.

FARBEN UND CHAKREN

Die Farbe stellt eine Kraft von nicht endender, unerschöpflicher Wirkung dar. In den Edelsteinen hat sie folgende Bedeutung:

WEISS ist die göttliche Sonne, Reinheit, Glaube, Treue. Weiß ist die Farbe des Lichtes, der Unschuld, der Klarheit des Geistes.

HELLBLAU ist die Farbe des weiten Himmels, der unendlichen Freiheit, fördert spirituelle Wachheit. Eine kalte Farbe, die beruhigende Wirkung auf das Nervensystem ausübt, die Körpertemperatur senkt, Brand- und Bisswunden sowie Kopfschmerzen und Herzklopfen heilen hilft.

BLAU ist die königliche Farbe, Symbol der Treue, der Beständigkeit und der Glückseligkeit. Bringt Schutz, Stille, Stärke. Blau ist kalt und sauer, heilt Wirbelsäulenleiden, Brandwunden, Hysterie, trockenen Husten. Ruft Gelassenheit hervor, aber auch Unsicherheit und Pessimismus.

GRÜN ist die Hoffnung und heilende Energie, Überfluss und Ausgewogenheit, erfrischende Kühle, Stärkung der chemischen Zusammensetzung des Blutes, wirkt beruhigend auf die Augen, auf die Regenerierung des Körpers und das emotionale Gleichgewicht.

GELB – GOLDGELB ist die Göttlichkeit (Anbetung ohne Zweifel), Anregung

des Gehirns und der Nerven, Motivation zur Aneignung des Wissens, beeinflusst das mentale Bewusstsein, entwickelt Selbstdisziplin, erweckt Optimismus und Gelassenheit, ist von positiver magnetischer Kraft.

ORANGE ist eine warme Farbe, die die Keimdrüsen anregt, aufmunternde Wirkung hat, optimistisch stimmt, Heiterkeit erzeugt, physischen Glanz bringt. Sie ist von positiver magnetischer Kraft, bewirkt Erdung von Energien im physischen Bereich.

ROT ist Feuer, Kraft, Liebe, Zorn. Rot ist die Farbe des Donnergottes Thor, die Farbe des Blutes. Sie ist Aktivität, Antriebskraft, freudiger Aufbau, Spontaneität, Dynamik,

Nutzung der kreativen Energie. Sie ist von positiver magnetischer Kraft, regt Stoffwechselfunktionen an und entgiftet den Körper.

ROSA ist Selbstachtung und Selbstwertgefühl.

LILA steht für laue Freundschaft.

VIOLETT symbolisiert himmlische und irdische Liebe. Sie hilft göttliche Absicht zu erkennen, belebt die Seele. Sie ist die Farbe der Würde und der geistigen Kraft, der Einsicht und Weisheit. Sie ist kalt, keimtötend, bildet Antikörper, verstärkt körpereigene Abwehrkräfte und erwärmt den Körper angenehm.

BRAUN ist die Farbe der Fruchtbarkeit und der Beruhigung, fördert Geschicklichkeit und Stabilität.

SCHWARZ ist die Farbe der Unterwelt und der Trauer, aber auch die Farbe des Machtvollen, weist auf materielle Welt hin, schützt, abstrahiert die Gedanken, bewirkt die Ausgewogenheit von Geistigem und Erdhaftem.

Kristalle und Steine können sich auf alle Besonderheiten des Menschen einschwingen – seine Gefühle, den Verstand und Geist, seinen Körper.
Im menschlichen Körper gibt es Kraftzentren, in denen Energie pulsiert, so-

genannte Chakren. Wie die Kristalle sind auch die Chakren in Bewegung und können deshalb mit Kristallen geheilt werden. Chakren sind Energiewirbel; sie senden und empfangen Energie, die der Körper zur Erhaltung seines Lebens benötigt. Chakra ist ein Wort aus dem Sanskrit und bedeutet Rad. Die sieben Hauptchakren des Körpers und die mit ihnen harmonierenden Steinfarben sind:

SCHEITEL-CHAKRA: *violett, weiß, gold*
STIRN-CHAKRA: *indigoblau, violett*
KEHL-CHAKRA: *blau, hellblau, türkis*
HERZ-CHAKRA: *grün, rosa, gold*
SOLARPLEXUS: *gelb, orange*
SAKRAL-CHAKRA: *orange*
WURZEL-CHAKRA: *rot*

Heilende Steine von A bis Z

Achat, Moosachat

Bedeutung Schwarzer Achat symbolisiert Mut, roter Ruhe. Unterstützt das Gefühl des Annehmens und Akzeptierens, lässt die Menschen angenehm und freundlich erscheinen. Dient als Liebesamulett.

Wirkung Erdet, gut bei Depressionen, stärkt die Sehkraft, schützt vor Kopfschmerzen, wirkt sprachfördernd und ausgleichend auf das Gefühlsleben. Hilfreich bei Epilepsie, Nieren- und Darmerkrankungen sowie Krämpfen. Bei ermüdeten und überanstrengten Augen täglich 10-20 Mi-

nuten eine Achatscheibe auf die Augenlider legen. Ist gut für den Magen, indem er die Verdauung anregt. Stärkt Lunge, Leber und Galle, aber auch das Gedächtnis. Im Mund wirkt er durststillend, außerdem aufbauend auf Organe der Fortpflanzung. Sehr gut für Schwangere, da er das keimende Leben beschützt.

Unter fließendem Wasser einmal wöchentlich reinigen (entladen) und an der Sonne aufladen.

AMETHYST

BEDEUTUNG Stein der Frömmigkeit. Erhöht spirituelle Hingabe. Fördert Meditation und Weisheit, heilt und tröstet. Symbolisiert sowohl Frieden des Herzens als auch irdische und himmlische Liebe. Verbessert das Urteilsvermögen. Wirkt klärend und besänftigend. Träger der Ausgeglichenheit. Gut gegen Bösartigkeit und ungute Gedanken. Wirksamer Talisman gegen Angstzustände. Amulett schützt vor ansteckenden Krankheiten. Schenkt angenehme Träume. Anwendbar bei Abkühlung der Leidenschaft. Schützt vor Trunkenheit.

WIRKUNG Gegen Hysterie, Epilepsie und Nervenleiden aller Art. Entspannend bei geistigen Belastungen, besonders gut bei Kopfschmerzen und Migräne. Stärkt die Muskulatur und steigert die Widerstandskraft gegenüber Infektionen. Guter Helfer bei Diabetes und Krankheiten im Solarplexus. Auch günstig bei Gelenkentzündungen. Um den Hals getragen schützt er gegen Halskrankheiten. Wirkt gegen Trägheit. Bereichert das Blut, heilt wunde Stellen, löst Blutgerinnsel auf und wirkt blutreinigend. Mit Speichel befeuchtet entfernt er Pickel und Hautunreinheiten.
Ein- bis zweimal im Monat unter fließendem Wasser entladen.

AQUAMARIN

BEDEUTUNG Schutzstein der Matrosen, aber auch Begleiter der Künstler und Musiker. Stein der Hochzeit, denn den Liebenden bringt er Glück. Symbolisiert Hoffnung und erhöht den Mut. Sorgt für Zuwachs an Lebenskraft. Beruhigt den Geist und entfernt unangenehme Vibrationen. Die Energie unserer Lebenskraft ist himmelblau, also aquamarinblau. Aquamarin ist für Hals- und Kehl-Chakra zuständig.

WIRKUNG Hilft bei Nervenleiden und lindert Depressionen. Bei allen Augenkrankheiten bringt Aquamarin

starke Kräfte hervor, die gut sind bei tränenden Augen und das Augenlicht verbessern. Besonders wirksam bei Erkrankungen der Luftwege und des Halses, stärkt die Stimmbänder. Kräftigt das Herz und bewahrt vor Herzinfarkt. Heilsam bei Drüsenkrankheiten und bei Schmerzen in der Umgebung des Nabels. Erhöht die Beweglichkeit und kräftigt die Beine. Hilft bei Krampfadern und der Gesundung der Füße. Wirkt günstig bei Allergien und stärkt das Immunsystem. Wasser, in welches vorher ein Aquamarin gelegt wurde, hilft, wenn es getrunken wird, gegen Asthma.
Alle zwei Wochen unter Wasser reinigen und an der Sonne aufladen.

AVENTURIN

BEDEUTUNG Vermittelt Ruhe und Gelassenheit. Gibt Humor, Heiterkeit und nötige Geduld, das Leben zu meistern. Gut für Meditation. Fördert Geschmeidigkeit des Geistes. Aventurin ist für Herz-Chakra zuständig.

WIRKUNG Hilfreich bei Hautleiden, wunden Stellen und Augenerkrankungen. Gut gegen Haarausfall, Schuppen, Hautallergien und Ekzeme. Stärkungsmittel auf der physischen Ebene, besonders gut für das zentrale Nervensystem. Unter fließendem Wasser entladen und an der Sonne aufladen.

AZURIT

BEDEUTUNG Stein für hochentwickelte Seelen, der dem Träger den wesentlichen Sinn des Lebens erschließt. Besitzt starke Wirkung auf das Zentralnervensystem. Fördert die Konzentration, harmonisiert und besänftigt, wirkt gegen Bösartigkeit. Stabilisator und Förderer bei geistiger Gesundheit, aber bei Traurigkeit und Niedergeschlagenheit sollte man ihn meiden. Blauer Stein, der auf geistiger Ebene wirkt. Öffnet das dritte Auge (Energiezentrum über der Nasenwurzel) und hebt Chakra-Blockaden auf. Für alle Chakren anwendbar, am besten jedoch für Stirn-Chakra.

WIRKUNG Gut gegen Juckreiz.

BERGKRISTALL

BEDEUTUNG Soll übermächtige Heilkräfte besitzen. Harmonisiert, klärt und vergrößert die Aura. Dabei ist er Sender und Empfänger zugleich, wobei er als Sender stärker wirkt. Besitzt die Fähigkeit, viele Arten von Energien zu verstärken, zu brechen und zu synchronisieren. Ideal zum Meditieren. Verstärkt die Kräfte anderer Mineralien. Hebt Chakra-Blockaden auf und ist dabei für alle Chakren geeignet, am wirksamsten jedoch am Solarplexus, dem Herz-Chakra und dem dritten Auge. Verbindet uns mit dem Herzzentrum.

WIRKUNG Kann bei jeder Krankheit angewendet werden, u. a. ist er hilf-

reich bei Augenleiden, Nierenerkrankungen, Drüsenkrankheiten, Kopfschmerzen und Übergewicht. Dient der Stärkung von Zirbeldrüse, Lunge und dem Kreislauf, gibt Kraft und Vitalität. Helfer bei Rückenschmerzen und Bandscheibenproblemen (günstig dabei mit Bernstein zu kombinieren) sowie Herzschmerzen und Herzschwäche. Unterstützt uns, indem er sowohl den Körper als auch die Seele stärkt. Ist daher bei der Behandlung von geistigen und emotionalen Verwirrungen anwendbar. Soll böse Träume verjagen.

Unter fließendem Wasser reinigen, an der Sonne aufladen.

BERNSTEIN

BEDEUTUNG Einer der stärksten Heilsteine. Symbol des Liebesverhältnisses und der Verlobung. Verleiht Energie.

WIRKUNG Die wahre Kraft des Steins liegt in der Heilung von Brustbeschwerden wie Asthma, Bronchitis und Keuchhusten. Gegen Hals- und Kopfschmerzen sowie Kehlkopf- und Mandelentzündungen (Kette tragen). Lindert Zahnweh und schützt die Stimmbänder. Vertreibt Lungenflüssigkeit und hilft bei Atemnot. Gilt allgemein als stärkendes Mittel. Wirkt gegen Krampfadern, Blutungen und Blutergüsse. Ebenfalls anwendbar bei Rückenschmerzen, Rheuma, Arthritis

und Arthrose. Erzielt gute Ergebnisse bei allergischen Erkrankungen wie Heuschnupfen und Blütenpollenallergien. Auch gut bei Augenleiden und verstopfter Nase. Als Talisman getragen, vertreibt er Fieber. Vermittelt Ausgeglichenheit, nimmt Ängste, bewahrt vor Panikentschlüssen und stärkt die Entscheidungskraft.
Unter fließendem Wasser entladen und nicht an die Sonne legen.

BERYLL

Dazu gehören:
Aquamarin, Smaragd, Goshenit, Goldberyll, Heliodor, Morganit

BEDEUTUNG Symbol der Hoffnung. Soll Schiffsreisende, Seeleute und Abenteurer beschützen. Wirkt gegen Streitsucht, macht friedfertig und sanft. Unbestechliches Medium spiritueller Erleuchtung.

WIRKUNG Tut kranken Augen gut und stärkt das Sehvermögen. Gut für Mund, Kiefer und Kehle. Wirkt gegen Drüsenkrankheiten, Arterienverkalkung, Asthma, zu viel Flüssigkeit und Korpulenz. Beruhigt den Darm und hilft bei Durchfall. Stärkt Herzkranzgefäße. Macht verliebt und erneuert die Liebe unter Eheleuten. Vertreibt Traurigkeit und Verzweiflung. Soll sogar gegen Unwissenheit helfen. Einmal monatlich unter fließendem Wasser entladen und in der Sonne aufladen.

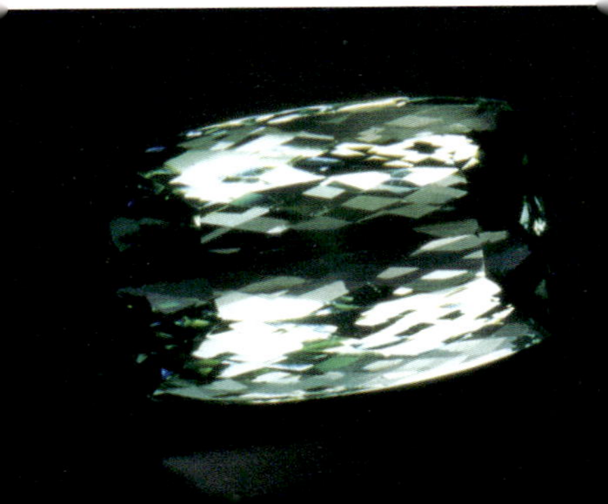

BLUTSTEIN (HÄMATIT)

BEDEUTUNG Warnt in Träumen vor Gefahren.

WIRKUNG Hilfreich bei Leberleiden. Wirkt blutstillend.

CHALZEDON

BEDEUTUNG Stein der Redner. Mit einem Chalzedon in der Tasche kann kein Prozess verloren werden. Macht sieghaft. Vermittelt Gelassenheit, mindert Reizbarkeit. Für Hals-Chakra zuständig.

WIRKUNG Hilft bei allen Hals- und Kehlkopfproblemen, lindert Heiserkeit und verleiht eine angenehme Stimme. Soll Blutungen stillen und Gallenbeschwerden mindern. Nimmt Frauen in den Wechseljahren die Wallungen, Hitzestaus und Unruhe. Außerdem vertreibt er Ängste und Unsicherheit. Einmal monatlich unter fließendem Wasser reinigen und an der Sonne aufladen.

CHRYSOBERYLL

Alexandrit und Katzenauge

BEDEUTUNG Der Chrysoberyll ist ein Schutzstein für Handwerker und Reisende. Er ist gut für spirituelle Zwecke. Menschen, die mit bösen Geistern, Politikern oder Anwälten zu tun haben, sollten Katzenauge oder Alexandrit tragen. Menschen, die mit Waffen, Eisen oder Gold arbeiten, bringt er Glück. Er strahlt Stärke und Empfindsamkeit aus und verleiht bzw. verstärkt Erhabenheit.

WIRKUNG Bei der physischen Heilung überspringt er das aktuelle Leiden

und strebt direkt zur Wurzel des Übels, wirkt auf den Kopf und die Wirbelsäulenbereiche und sorgt für ein Gleichgewicht zwischen trocken und feucht, heiß und kalt.
Beeinflusst das Herz-Chakra.
Heilsam auf Astral- und Mentalebene, da er dem Geist und der Seele Frieden bringt und so den Grundstein zur psychischen Heilung bringt.
Hilft bei der Beseitigung von Problemen, fördert Liebe, Großzügigkeit, Güte, Mildtätigkeit, Nachsicht.

Chrysoberylle sollten Tag und Nacht getragen werden, dann kommen ihre günstigen Eigenschaften voll zur Wirkung: Der Kopf wird leichter, das Gedächtnis besser, man sieht klarer, die Nackenmuskulatur entspannt sich.

CHRYSOLITH

auch bekannt als Olivin und Peridot

BEDEUTUNG Symbolisiert Weisheit und fördert die Hellsichtigkeit. Gut für innere Einsicht und Inspiration. Strahlt Wärme, Lebendigkeit und Frohsinn aus. Trägt die Sonne in sich, bringt uns mit Licht und der Pflanzenwelt in Berührung.

WIRKUNG Hilft gegen Augenkrankheiten, Epilepsie, Darmkrankheiten und Magenbeschwerden. Außerdem gegen Nierenleiden und Diabetes. Gut bei Gicht, Rheuma und Arthritis. Vertreibt Fieberträume. Bietet Schutz vor giftigen Insekten und lindert Stiche. Als Schmuck verleiht er Gesundheit, Wohlstand, Fruchtbarkeit und Familienglück. Stärkt Toleranz und Liebesgefühl. Vertreibt Schwermut. Verzögert den Alterungsprozess, wenn man Wein aus Peridotbechern trinkt.

Nach jeder Behandlung unter fließendem Wasser entladen und, wann immer möglich, in der Sonne aufladen.

CHRYSOPRAS

BEDEUTUNG Guter Schutzstein, der seinem Besitzer treu bleibt. Der widersprüchlichste Stein der Natur. Symbolisiert Fröhlichkeit. Fördert innere Klarheit und Disziplin. Wendet negative Vibrationen ab. Begünstigt inneres Wachstum. Reinigt den Träger physisch und geistig von den niederen Ebenen aufwärts. Besonders gut für das Energiezentrum des Herzens (Herz-Chakra), bringt dem strapazierten Herzen viel Ruhe.

WIRKUNG Hilfreich bei Sonnenstich, bei Verbrennungen und Wechselfieber. Lindert unstillbares Erbrechen und senkt zu hohen Blutdruck. Gut bei Prostata- und Hodenerkrankungen

sowie bei Erkrankungen der Eierstöcke und Eileiter. Verbessert die Fruchtbarkeit. Ebenfalls gut bei Gicht. Sorgt für eine gesunde Aktivität der Nervenzellen und soll Menschen beruhigen, die an Krämpfen und Hysterie leiden, aber auch Epilepsie schwächen. Vertreibt Ängste.
Mehrmals im Monat unter fließendem Wasser entladen.

CITRIN

BEDEUTUNG Starker Stein. Vermittelt Sonne und Wärme im Herzen. Stein für Liebende. Schutzstein für Reisen zu Wasser und in der Luft. Dient der Steigerung der Popularität. Hilft uns irdische Ziele zu erreichen, so bei Prüfungen, im Geschäftsleben und in der Ausbildung. Vermittelt Kraft und Konzentration. Besonders für Solarplexus geeignet.

WIRKUNG Stärkt das Immunsystem, den Darm und die Verdauung, hilfreich bei Stoffwechselerkrankungen. Gut für Leber, Niere und Herz, orangefarbener Citrin für die Milz. Hilft bei Diabetes und Blutarmut. Krankheiten im Solarplexus sollen geheilt werden.

Den Stein bei Insektenstichen auf die betroffene Stelle mit leichtem Druck auflegen, was das Gift zur Hautoberfläche zurückleiten soll. Gut zur Abheilung von Masern, Windpocken und Röteln – verhindert Narbenbildung. In Kombination mit dem Amethyst reinigt er das Blut und klärt den Geist. Wirkt stimmungsaufhellend.
Unter fließendem Wasser entladen und in der Sonne aufladen.

DIAMANT

BEDEUTUNG Stein der Reinheit. Symbolisiert Offenheit. Schützt die Aura. Wirkt gegen böse Kräfte.
Verleiht Mut und ein langes Leben. Verstärkt die Neigung zur Erhabenheit. Fördert innige, reine Liebe. Am Herzen getragen verhindert er ängstliche Träume. Fördert die persönliche Entwicklung. In Indien ist man der Überzeugung, dass Diamanten alle Krankheiten heilen und Wohlbefinden erzeugen.

WIRKUNG Stärkt die Augen und das Gehirn. Hilft gegen Pilzflechte der Nägel und Haare. Wasser, in welches ein Stein gelegt wurde, soll Nieren- und Blasensteine abführen und Gelbsucht

heilen. Reguliert ein Übermaß an Flüssigkeit im Körper. Epilepsie und Spasmen werden gelindert. Soll zudem vor Schlaganfällen schützen und bei Diabetes und Gallensteinen helfen. Wenn gebärende Frauen einen Diamanten tragen, so soll dies die Milchdrüsen anregen.

Nach jeder Behandlung kurz unter fließendes Wasser halten. Wenn überhaupt, dann nur kurz in der Sonne aufladen.

FALKENAUGE, TIGERAUGE

BEDEUTUNG Sehr gut für Meditation. Erwärmt. Ist hilfreich für Menschen, die Schwierigkeiten im Umgang mit finanziellen Angelegenheiten haben. Kräftigt mit seinen Schwingungen willensschwache und mutlose Menschen.
Wichtiger Stein für schulpflichtige Kinder, da er zur Konzentration der Gedanken verhilft.

WIRKUNG Gutes Mittel bei Kopfschmerzen und Migräne. Stärkt und erhält die Sehkraft, beruhigt gereizte Augen und soll Augenverletzungen heilen. Wirkt bakterienhemmend. Löst Bronchial-Asthma-Beschwerden und lindert Atemnot. Kräftigt den Solar-

plexus. Wirkt zudem stabilisierend und entspannend.
Mehrmals im Monat unter fließendem Wasser entladen und in der Sonne aufladen.

GRANAT

Dazu gehören:
rotbrauner Granat-Spessartin, hyazinthroter Grossular, brauner Andradit, blutroter Pyrop, rotblauer Almandin, grüner Uwarowit und Dematoid, Tsavorit, orangener Hessonit

BEDEUTUNG Als Talisman symbolisiert der rote Granat glühende Liebe. Schenkt Willenskraft und Erfolg, schützt außerdem vor Müdigkeit und Depression. Verbürgt Treue. Schützt vor Blitz. Sehr guter Stein für Meditation. Ist dem Wurzel-Chakra zugeteilt.

WIRKUNG Gut bei Arthritis und anderen Leiden, die auf Verkalkung zurückzuführen sind. Der Stein ist ein wertvoller Helfer bei Erkrankungen

Granat – Symbol der Liebe: traditionelles Geschenk von Männern an Frauen

der Bronchien, der Lunge und des Darms. Der grüne Granat kräftigt das Herz, orangefarbener stärkt die Basis der Wirbelsäule und der rote Granat gibt Auftriebskraft, hilft bei Blutarmut, aktiviert die Fortpflanzungsorgane, steigert die Sexualität und behebt die Impotenz. Lenkt die Energien, vor allem bei Kindern, in ruhigere Bahnen. Stärkt den Willen zur Heilung und vertreibt Schwermut.
Wöchentlich unter fließendem Wasser entladen und in der Sonne aufladen.

JADE

(Jadeit, Nephrit)

BEDEUTUNG Stein der Venus. Symbolisiert Macht. Reinigt Energiezentren. Verleiht Klarheit, Geduld, Ausdauer und Harmonie sowie Reinheit und Rechtschaffenheit. Fördert Mildtätigkeit und Liebe. Schützt vor Unfällen. Bringt Erfolg im Glücksspiel. Chinesen sind der Ansicht, dass Jade vor Ermüdung schützt, das Leben verlängert und den Körper nach dem Tod vor der Verwesung bewahrt. Sehr guter Stein für Meditation.

WIRKUNG Lindert Fieber und Schweißausbrüche. Gegen Bluthochdruck, Herz- und Kreislaufprobleme. Hält die Augen gesund. Stärkt unser

Immunsystem, ist wirksam bei Infektionen und wirkt ausgleichend auf den ganzen Körper. Kräftigt die Muskulatur. Lindert Sonnenbrand. Hilfreich bei Diabetes, Gelbsucht und zu viel Wasser im Körper. Regt den Stoffwechsel an und hilft bei Leberkrankheiten und Harnleiden. Sehr gut für Schwangere und Stillende, erleichtert außerdem die Entbindung.
Bei Unfruchtbarkeit jedoch soll Jade auf das Sakral-Chakra aufgelegt werden. Bei Kopfschmerzen und Migräne auf das Stirn-Chakra. Und bei Nierenerkrankungen den Stein direkt auf die betroffene Stelle legen. Die grüne Farbe stärkt das Herz-Chakra, die rosarote ruft Ergebenheit hervor und begünstigt die Schwärmerei. Sehr hilfreich bei Depressionen.

Einmal monatlich unter fließendem Wasser entladen.

JASPIS
HELIOTROP (BLUTJASPIS)

BEDEUTUNG Schutzstein der Reisenden, bewahrt sie vor Unfällen. Gibt Vitalität und Lebenskraft, steigert die Energie und stärkt den Intellekt. Nimmt negative Schwingungen in sich auf und bewahrt uns vor unguten Einwirkungen. Harmonisiert Körper und Geist. Fördert Nachsicht und Milde. Wirkt gegen Aggressionen und Gewalttätigkeit. Besitzt die Macht, die Leidenschaft zu stärken und zu trösten. Er fördert ein sonniges Gemüt.

Der rote Jaspis gilt als starker Energieträger. Der Heliotrop durchbricht tiefverwurzelte Krankheiten und darf beim Heilen nur in Verbindung mit Bergkristall und Rosenquarz benutzt werden, da sonst sein plutonischer Einfluss zu schwer auf den Geist wirken wird. Entblockt die Chakren und reinigt sie.

WIRKUNG Wirkt fiebersenkend und stärkt bei schwächenden Erkrankungen. Gut für den Blutkreislauf. Hilft bei Blutungen und wirkt zellenerneuernd. Stärkt Muskelsystem, Bauchspeicheldrüse, Magen, Leber, Niere (gelber Jaspis) und wirkt gegen gastrisches Fieber. Gut bei Gallensteinen und der Heilung der Gallenwege. Hilft bei Epilepsie. Wehrt Wassersucht ab. Der Heliotrop bietet Hilfe bei Benommenheit, stärkt den Geruchssinn und ist wirksam gegen Krampfadern und sogar bei offenen Beinen (den Stein nicht auf offene Wunde legen). Unterstützt

die Beseitigung von Disharmonie im Bereich der Geschlechtsorgane und aktiviert die Sexualität. Wirkt stärkend in der Schwangerschaft und gilt als Geburtshelfer.
Ein- bis zweimal im Monat entladen.
Das Wort „Jaspis" kommt vom griechischen Wort „jatro", was „Heilung" oder „ich heile" bedeutet.

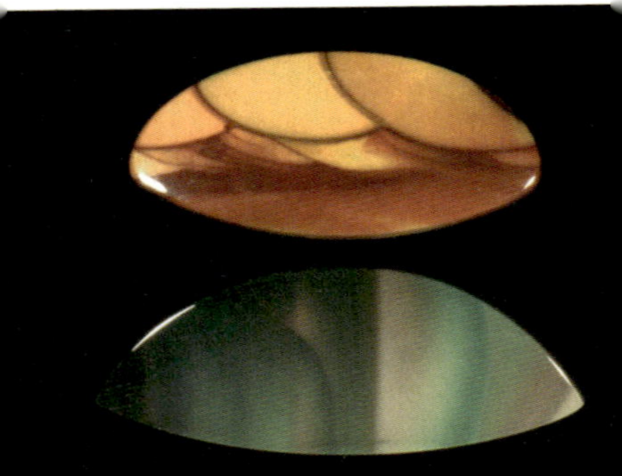

KARNEOL

BEDEUTUNG Klärt den Geist, fördert tiefe Konzentration und reinigt, wenn er mit einem Amethyst gekoppelt wird, das Bewusstsein. Wandelt negative Haltungen und entwickelt höheres geistiges Bewusstsein. In der Meditation bietet er den Schlüssel zur Weisheit. Erdet Energien. Der gelbe Karneol wirkt vorbeugend gegen Unfälle.

WIRKUNG Soll heilende Wirkung bei allen Krankheiten besitzen, die mit Wasser zu tun haben wie zum Beispiel Wasserbeine oder Blasen- und Nierenerkrankungen. Dunkelroter Karneol ist ein allgemein stärkendes Mittel. Begünstigt zusammen mit dem Amethyst den Blutstrom. Lindert Krankheiten im Solarplexus. Bekämpft Depressionen, hilft Trägheit abzulegen, agil und wachsam zu werden. Gut gegen Ärger und Bosheit. Unterstützend bei Charakterverbesserungen.

KORALLE

BEDEUTUNG Gibt Stabilität und Flexibilität. Guter Helfer beim Meditieren, unterstützt die Fähigkeit des Visualisierens. Die rote Koralle stärkt die Willenskraft. Die rubinrote Koralle fördert physische Harmonie. Die schwarze Koralle schützt vor negativen Energien und gilt als Schutzstein auf Reisen.

WIRKUNG Die rote Koralle wirkt blutreinigend, hilft bei Blutarmut und Durchblutungsstörungen. Zudem soll sie Unfruchtbare fruchtbar machen. Gallensteine und Gelbsucht sollen geheilt werden. Anwendbar bei Keuchhusten und Hämorrhoiden. Die weiße Koralle und Engelshaut bewirken die

Gesundung der Knochen, kräftigen die Zähne und helfen gegen Rachitis. Depressionen und Tollwut sollen durch rosa Korallen abgewehrt werden.
Einzelne Korallen haben weniger Wirkung als ganze Ketten.
Im Meersalz entladen und an der frischen Luft regenerieren lassen.

KUNZIT (ROSA-LILA) HIDDENIT (GRÜN)

BEDEUTUNG Der Kunzit symbolisiert Gradlinigkeit im Denken und wirkt stärkend. Vermittelt Lebenskraft. Einer der stärksten Herz-Chakra-Steine.

WIRKUNG Stärkt das Herz, die Herzkranzgefäße sowie Kreislauf und Nerven. Lindert Schmerzen im Nackenbereich und der Schulter. Aktiviert das Gehör und stärkt die Augen. Auch Kopfschmerzen soll er beseitigen und Alkoholismus überwinden helfen. Der Hiddenit ist gut für Leber und Galle. Beide Steine sind sehr brüchig, daher gilt Vorsicht im Umgang. Wöchentlich in trockenem Meersalz entladen.

Der Peridot (dunkelgrün) ist ein Symbol der Weisheit, der Hiddenit (hellgrün) hilft bei Leberbeschwerden.

LABRADORIT

BEDEUTUNG Stabilisiert die Aura und stärkt das Ausdrucksvermögen. Behebt Stimmungsschwankungen und wirkt besänftigend. Besonders wirkungsvoll bei der Verarbeitung böser Erinnerungen aus der Kindheit. Sollte bei Problemen jeglicher Art getragen werden. Diejenigen, die mit den Händen heilen, sollten ihre Hand-Chakren täglich 10 Minuten mit einem Labradorit aktivieren, da er als einer der stärksten Steine zu deren Aktivierung gilt.

WIRKUNG Regt das Selbstheilungszentrum an und unterstützt den Kreislauf. Löst Spannungen im Solarplexus und im Herzzentrum. Gut gegen Erkrankungen der Leber. Hilfreich bei

der Behandlung von Wirbelsäulenverkrümmungen und Rheuma. Aktiviert das Muskelsystem.
Zweimal monatlich unter fließendem Wasser entladen und in der Sonne aufladen.

LAPISLAZULI

BEDEUTUNG Stein der Macht. Ist ein emotionales Heiligtum. Symbolisiert Fähigkeit, verbessert die Intuition und fördert spirituelles Wachstum.Stein der Venus, der Liebe und der Freundschaft. Ist dem dritten Auge zugetan. Hilfreich bei Lebensveränderungen und Charakterverbesserungen. Gut bei Kummer und Melancholie. Wirkt wahrheitsfördernd. Gegen böse Einflüsse und negative Energien. Fördert und stabilisiert die geistige Gesundheit. Verstärkt Hellsichtigkeit, Hellhörigkeit und das Feingefühl. Hebt Chakra-Blockaden auf.

WIRKUNG Anwendbar bei starken Magenbeschwerden, Erbrechen und

Durchfall. Gut gegen Blutkrankheiten sowie Gürtelrose und Herpes. Reguliert die Schilddrüsentätigkeit. Soll gegen Epilepsie, Multiple Sklerose und Gehirnerkrankungen wirken. Gegen Schmerzen allgemein, besonders gegen Gallenschmerzen. Wirkt herzstärkend und fördert einen gesunden Schlaf. Aber nicht im Schlafzimmer anwenden.

Einmal wöchentlich in Meersalz trocken reinigen und kurz in der Sonne aufladen.

MALACHIT

(ein mineralisch enger Verwandter des Azurit)

BEDEUTUNG Magischer grüner Stein, der als Freudenspender gilt. Verleiht Weisheit, reinigt das Bewusst- und Unterbewusstsein, löst Herztraumata und Spannungen des Herzens auf.

WIRKUNG Hilfreich bei Verkalkung – festigt Gelenke und Knochen. Beschleunigt Heilung nach Operationen. Hilft außerdem bei Asthma, Augeninfektionen, Rheumatismus und Menstruationsbeschwerden. Als Ring getragen normalisiert er die Herztätigkeit.

MONDSTEIN (ADULAR)

BEDEUTUNG Schutzstein der Reisenden zu Wasser und zu Land. Symbolisiert Klugheit. Zügelt Selbstsucht und Rachsucht. Begünstigt die Lernfähigkeit. Harmonisiert. Gibt Inspiration in der Liebe. Wird gern als Brautgeschenk gegeben. Aus Mondstein soll sich ein Zauber anfertigen lassen, der die Männer anzieht. Der Stein ist stark frauenbezogen, bringt jedoch auch ihre negativen Seiten ans Licht. Gehört zum Herz-Chakra.

WIRKUNG Gut gegen Zahnfleisch- und Mundhöhlenentzündungen. Hilfreich bei geschwollenen Händen, Wassersucht und Fettleibigkeit. Fördert den Kindersegen und reguliert die

Menstruation. Hilft bei Schwindsucht und Geisteskrankheiten (nur die klaren bläulichen Steine).
Nach jeder Anwendung unter fließendem Wasser entladen und in der Sonne aufladen.

OBSIDIAN

BEDEUTUNG Fördert den Energiefluss und ist daher gut bei Energiemangel. Stärkt die Konzentration. Spendet Wärme. Vermittelt Lebenskraft. Schützt in Kombination mit dem Bergkristall vor negativen Einflüssen. Nach Erfahrungen der Indianer steigert der Obsidian das äußere und innere Sehvermögen. Für Scheitel-Chakra zuständig.

WIRKUNG Stärkt Knochen und Wirbelsäule. Regt die Blutzirkulation an und wirkt staulösend. Heilsam bei Infektionen und Entzündungen, auch bei Raucherbeinen. Hilfreich bei Erfrierungen. Schützt vor Magengeschwüren und wirkt gegen Bakterien. Regt die Zellteilung an. Wenn man

täglich einige Minuten mit dem Stein die Fußsohlen massiert, werden dadurch innere Blockaden gelöst und ein neues Bewusstsein tritt an die Oberfläche.
Nach jeder Behandlung unter fließendem Wasser entladen.

ONYX

BEDEUTUNG Symbolisiert Klarheit. Lässt Menschen auf Gottes Stimme hören. Schützt vor Unfällen und schädlichen Einflüssen. Gibt Kraft, Widerstandskraft und Stärke. Macht furchtlos. Fördert das Hören und Zuhören. Zügelt Leidenschaften, macht ruhig und zurückhaltend. Fördert geistige Gesundheit.

WIRKUNG Stärkt Nägel, Haut und Haare, ist daher gut bei Haarausfall. Lindert Ohrenschmerzen und verbessert das Gehör. Beugt Kreislaufstörungen vor, stärkt das Herz und vertreibt Herzbeschwerden. Wirkt gegen entzündete oder eiternde Wunden und beschleunigt die Heilung nach Operationen. Fördert die Durchblutung. Wirkungsvoll bei Hautkrankheiten. Verleiht dem Gesicht einen makellosen Glanz. Bei Griechen und Römern war der Onyx ein wirkungsvolles Amulett gegen Augenkrankheiten und tränende Augen. Hilft bei Wetterfühligkeit. Unter fließendem Wasser entladen und einmal im Monat über Nacht in der Erde vergraben.

OPAL

BEDEUTUNG Gilt als Glücksbringer. Stein der Hoffnung und Gerechtigkeit, der Feind von Gier und Korruption, die Stütze der Rechtschaffenen im Krieg und vor Gericht. Unsichtbarer Beschützer. Vitalisiert den Besitzer. Öffnet das dritte Auge. Symbolisiert Vertrauen. Verleiht Beständigkeit. Wirkt gegen böse Einflüsse. Für Charakterentwicklung und Harmonie zuständig. Gibt Freude, Intuition und Klarheit. Der weiße Opal spiegelt die Wahrheit wider; er verstärkt unsere Eigenschaften, sowohl die guten als auch die schlechten. Gilt als sehr starker Stein.

WIRKUNG Kräftigt das Herz. Regt die Produktion der Blutkörperchen an. Verhilft zu gesundem Haar und kräftigt die Nägel. Gut gegen Kälte und hilfreich bei Krampfadern. Anzuwenden bei Krankheiten im Solarplexus. Schwarzer Opal vertreibt Ängste und Depressionen.

Opalfarben sollten wie folgt eingesetzt werden:

Weiß, violett, rosig – Scheitel
Dunkelblau mit gelb, violett, hellblau – Stirn
Sanfte Grüntöne, blasses Blau – Kehle
Gelb – Solarplexus
Tiefes Rot – Basis der Wirbelsäule
Orange-purpur – Milz

Täglich einige Minuten an die betroffene Stelle halten.

Öfters ins Wasser legen, da er sonst austrocknet.

PERLE

BEDEUTUNG Symbolisiert Reinheit. Sinnbild der erlauchten Liebe. Bewirkt Veränderungen im Leben. Gut zur Steigerung der Tugendhaftigkeit. Vermittelt Vitalität und gibt Initiative. Als Kette getragen warnt und schützt sie vor drohendem Unheil. Enthält jedoch auch Energien, welche die Gier anregen.

WIRKUNG Gut gegen Rachitis, Asthma, Windpocken und Tuberkulose. Stärkt die Nerven und bringt Hilfe bei Fieber und Kopfschmerzen. Mindert den physischen Verfall. Kräftigt die Nägel und hilft bei Hautproblemen. Wirkt Knochenverkalkungen entgegen und gleicht Kalziummangel aus. Außerdem hilfreich bei Menstruationsproblemen, Blähungen und Hämorrhoiden. Perlen sind weich und empfindlich. Einmal monatlich im Salzbad reinigen.

RAUCHQUARZ (MORION)

BEDEUTUNG Stärkt die Aura. Hebt das Bewusstsein von einer niederen auf eine höhere Stufe. Unterstützt abstraktes Denken. Vermittelt Stabilität und Verantwortung. Stärkt den Willen beachtlich und ist somit ein wertvoller Helfer und Unterstützer bei der Entwöhnung von Zigaretten, Alkohol und Drogen. Kraftlose Menschen erhalten Energie und Tatkraft. Gut für Kreativität. Erdet und entblockt. Ist für Milz- und Neben-Chakra zuständig. Verbindet die drei unteren Zentren.

WIRKUNG Wirksam bei Infektionen und Herzbeschwerden. Soll bei Muskeldegeneration und neurologischen Störungen heilsam wirken. Stärkt das

Bindegewebe und das Muskelsystem. Hilft gegen Erkrankungen des Unterleibs und der Nieren, der Bauchspeicheldrüse und Geschlechtsorgane. Die Fruchtbarkeit beider Geschlechter wird verbessert. Lindert Depressionen, Niedergeschlagenheit und Trauer.
Ein- bis zweimal monatlich unter fließendem Wasser entladen und in der Sonne aufladen.

RHODONIT, RHODOCHROSIT

BEDEUTUNG Entspannt, beruhigt, harmonisiert und beseitigt Verwirrungen.
Erdet den Menschen. Steigert die Lernfähigkeit. Stein zusammen mit Chalzedon bei Prüfungsangst in der Tasche mittragen. Fördert reine, innige Liebe. Wirkt aufheiternd. Erhält die Jugend und verzögert den Alterungsprozess. Erfrischt den Körper der Müden, Alten und Schwachen; gibt ihnen wieder Lebenskraft. Dämpft die Erregbarkeit. Am Mittelfinger der linken Hand getragen bewirkt er Mitleid, Harmonie und Sensibilität den höheren Werten gegenüber. Geeignet für Herz- und Sexual-Chakra.

WIRKUNG Wirkt günstig auf das Zentralnervensystem. Heilt Knochen, stärkt die Muskeln und regt die Regeneration der Zellen an. Schützt die oberen Atemwege. Hilft bei Störungen im Verdauungsapparat und der Schilddrüse. Stärkt das Gehör und kräftigt die Nägel. Begünstigt die körperliche Entwicklung von Babys.

Zweimal monatlich unter fließendem Wasser entladen und in der Sonne aufladen.

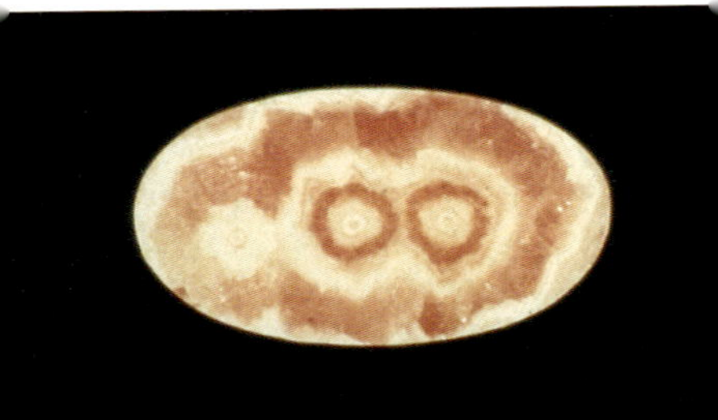

ROSENQUARZ

BEDEUTUNG Stein der Künstler – er belebt die Phantasie und fördert schöpferisches Denken. Schenkt Zärtlichkeit, Weichheit und Offenheit der Gefühle. Kindern nimmt er Heimweh. Beruhigt den Geist und beseitigt die Angst. Wirkt gegen Gewalttätigkeit. Lindert Disharmonie. Bietet Schutz vor Strahleneinflüssen. Sternrosenquarz besitzt starke magnetische Kräfte. Gehört zum Herz-Chakra und soll helfen, dort Blockaden zu lösen.

WIRKUNG Schützt das Sehvermögen. Wirkt zusammen mit Hämatit wohltuend bei schmerzenden Knochen, geschundener Haut und blauen Flecken. Glättet Narbengewebe und macht es weicher. Lindert Asthma. Zudem hilfreich bei Multipler Sklerose. Soll heilende Wirkung bei Blutgefäßerkrankungen, verengten Gefäßen und Leukämie besitzen. Schützt Eierstöcke und Hoden, wirkt Geschlechtskrankheiten entgegen.

In der Sonne verliert der Stein die Farbe. Wöchentlich unter fließendem Wasser entladen.

RUBIN

BEDEUTUNG Symbolisiert glühende Liebe. Verleiht Kraft, Lebensenergie, Mut und Tapferkeit. Stärkt das kreative Denken. Verhilft zu Wohlstand und schützt vor Verlust des Eigentums. Wirkt gegen Neid. Wehrt Feinde ab. Schutzstein gegen schlechte Einflüsse. Verhindert die Untreue des Ehepartners. Schenkt Gesundheit. Soll übersinnliche Wahrnehmung steigern. Dem Wurzel- und Herz-Chakra zugeteilt.

WIRKUNG Stärkt das Immunsystem. Erhöht den Blutdruck, hilft bei Blutarmut, reguliert und verbessert den Blutkreislauf. Wirkt zudem blutreinigend und blutstillend. Wirksam bei Erkrankungen des Herzens, stärkt und

reinigt Herz und Gehirn. Helfer bei Leber- und Viruserkrankungen. Lindert Schmerzen und Schwächezustände. Stärkt das Sehvermögen und sorgt für eine bessere Blutzufuhr im Augenbereich. Hilft bei Wunden und Gicht. Soll dabei helfen, Fehlgeburten zu vermeiden. Stärkt die Willenskraft.
Ein- bis zweimal monatlich unter fließendem Wasser entladen und in der Sonne aufladen.

RUTILQUARZ

BEDEUTUNG Soll über enorme universelle Heilkräfte verfügen. Bringt Schutz auf geistiger Ebene und fördert allgemein unser geistiges Wachstum. Vermittelt Ruhe und Wärme. Gibt Lebenskraft zurück und führt uns weg von Angst, Schwermut, Krankheit und Depression. Zuständig für den Solarplexus.

WIRKUNG Die Hauptwirkung des Steins liegt im Bereich der Atemwege, der Lunge und der Bronchien. Lindert Asthma, Husten, Halsschmerzen und Schluckbeschwerden. Stärkt Immunsystem und Wohlbefinden. Fördert stark den Gewebeaufbau. Nimmt Gleichgewichtsstörungen. Schützt den Schlaf.
Unter fließendem Wasser entladen und an der Sonne aufladen.

SAPHIR PADPARADSCHA

(gelber Saphir)

BEDEUTUNG Gilt als „Stein der Weisen“. Symbolisiert Unschuld. Stein der Wahrheit, Treue, Klugheit und Vernunft. Vermag Energien zu bündeln. Verfügt über gewaltige Ausstrahlung. Gut zum Meditieren. Verleiht dem Träger einen klaren Verstand, verbessert Intuition und Intellekt. Bewahrt vor Zorn und Ungeduld. Steigert die Tugendhaftigkeit. Fördert innige, reine Liebe. Vertreibt das Böse, die Schwermut und Traurigkeit. Schützt vor Schaden.

WIRKUNG Stärkt Augen und Sehkraft, bringt sie zum Funkeln. Hilfreich bei Augenentzündungen, Ohrenleiden und Nasenbluten. Regeneriert Haut, Haare und Nägel. Verbessert rasch Hautkrankheiten. Anwendbar bei Kiefer-, Stirn- und Nebenhöhlenerkrankungen. Kräftigt das Nervensystem und bietet Hilfe bei Fieber, Neurosen und anderen Krankheiten, die durch angegriffene Nerven hervorgerufen werden. Gegen Nierenerkrankungen, Darmgeschwüre und Gürtelrose. Hilft bei Rückenschmerzen und Ischiasleiden. Wirksam auch bei Asthma und Lungenkrankheiten. Beruhigt die innere Hitze und verhindert Schweißausbrüche. Erleichtert Herzbeschwerden. Wasser, in dem ein Saphir lag, ist gut gegen Stiche und Bisse. Heilsam bei Nervosität und Schwindel. Kinder, die stottern, sollten einen Saphir zusammen mit einem Chalzedon um den Hals tragen.

STERNSAPHIR: Besitzt allgemein beruhigende Wirkung. Hilft bei Magengeschwüren.
KORNBLUMENBLAUER SAPHIR: Verlängert das Leben und lässt den Träger jung aussehen. Stärkt das Herz und das Zentralnervensystem.
ROSA-VIOLETTER SAPHIR: Fördert die selbstlose Liebe.
WEISSER SAPHIR: Gut bei Benommenheit. Wirksam bei der Behandlung von Furunkeln.
GRÜNER SAPHIR: Hilfreich gegen Schweiß und Blähungen.
GELBER SAPHIR: Gilt als allgemein stärkendes Mittel. Seine Energien wirken auf die Milz. Leiden im Mundbe-

reich werden gelindert. Wehrt Alpträume ab. Zügelt das Ungestüm, lässt uns zuerst denken und dann handeln. Erweckt und steigert die Leidenschaft. Gut gegen Impotenz, steigert die sexuelle Leistung und die Fruchtbarkeit. Unter fließendem Wasser entladen und in der Sonne aufladen.

SARDONYX

BEDEUTUNG Stein befreit von allen Ängsten. Stärkt die Willenskraft. Bringt in Rechtssachen die Wahrheit ans Licht. Schenkt Glück und Energie in der Partnerschaft. Zieht gute Freunde an.

WIRKUNG Unterstützt den Kehlkopf und stärkt die Halswirbel. Beeinflusst das Knochenmark und löst dort Zellstörungen. Stärkt die Lunge und kräftigt die Drüsen. Gut gegen Infektionen sowie alle Arten von Stichen und Bissen.
Unter fließendem Wasser reinigen und in der Sonne aufladen.

SMARAGD

BEDEUTUNG Stein der Jungfrau und Sinnbild der ersten Liebe. Glücksstein der Künstler und Musiker. Symbolisiert Glaube. Stein der guten Ehen, garantiert die Treue der Ehemänner. Kühlt jedoch die Leidenschaften ab. Stein der Ärzte. Bringt auf geistiger Ebene Ruhe und Ausgeglichenheit, Wissen und Weisheit. Verleiht Intuition. Glücksstein und Talisman auf Reisen, besonders für Seeleute. Hilft den Vätern, Konflikte mit ihren Kindern zu lösen. Verstärkt unsere Ausdruckskraft. Für Herz-Chakra zuständig.

WIRKUNG Stärkt und erhält das Augenlicht. Bei Augenkrankheiten: Stein über Nacht ins Wasser legen, Watte-

bäusche anfeuchten und zweimal täglich je 10 Minuten auf die Augen legen. Löst Nervenverspannungen und Kopfschmerzen. Hilfreich bei Gallenschmerzen und gastritischem sowie dreitägigem Fieber. Lindert Brustschmerzen, Erkältungen und Angina. Gegen entzündete, eiternde Wunden und Geschwüre. Bietet außerdem Hilfe bei Verbrühungen und Warzen. Wirkt kräftigend und herzstärkend. Anwendbar bei Lebererkrankungen sowie Magenbeschwerden und -geschwüren. Verhilft zu einer leichten Geburt. Senkt den Blutdruck. Behebt Appetitlosigkeit. Als Ring getragen hilft er gegen Angstgefühle. Stärkt das Gedächtnis. Nach jeder Anwendung unter fließendem Wasser entladen und kurz in der Sonne aufladen.

SPINELL

BEDEUTUNG Besitzt hohes Energiepotenzial, erneuert kurzfristig Vitalität. Fördert Harmonie und Kreativität. Macht den Träger mutig. Wehrt das Böse ab. Der dunkelrote Spinell macht stark. Der blaue Spinell beruhigt die sexuelle Erregung, schenkt Glauben und Reichtum, zieht Liebe und Hilfe an. Beeinflusst den unteren Bereich des Solarplexus und die Kehl-Chakren.

WIRKUNG Wirksam bei schmerzenden Knochen und Magenübersäuerung. Beruhigt gereizte Nerven und verringert den Stress. Bekämpft Depressionen und fördert die Funktion von Nerven und Muskeln.
Unter fließendem Wasser entladen.

TOPAS

BEDEUTUNG Beflügelt unsere Seele und inspiriert zu höherem Denken. Stärkt Konzentration, Kreativität und Bewusstsein. Verleiht sonniges Gemüt. Symbol wahrer und uneigennütziger Liebe. Vermag Zorn und Wollust zu zügeln. Symbolisiert Gefälligkeit.

WIRKUNG Topase aller Farben sind hilfreich bei Husten, Keuchhusten, Halsschmerzen, Schleimhautentzündungen, Bronchitis, Erkältungskrankheiten und Atemnot. Kräftigt die Wirbelsäule und lindert Gicht. Gut gegen Masern, Schorf und Hautprobleme. Heilsam bei Entzündungen, Lebererkrankungen und geschwollenen Drüsen (stärkt die Drüsen). Hilfreich bei

nervösen Kopfschmerzen, Depressionen, Schlaflosigkeit und Erschöpfung.
WEISSER TOPAS: Wirkt gegen Nervosität und Schlaflosigkeit.
GELBER TOPAS: Stimuliert den gesamten Organismus. Beruhigt die Nerven und kräftigt das Herz.
BLAUER TOPAS: Verleiht Inspiration – idealer Stein für Künstler (Sänger, Musiker, Maler). Kräftigt die Stimme und lindert Heiserkeit. Gut für das Hals-Chakra. Hilft gegen Thrombose und Krampfadern. Nimmt Kältegefühl.
Unter fließendem Wasser entladen und in der Sonne aufladen.

TÜRKIS

BEDEUTUNG Symbolisiert Erfolg. Bei Liebenden ist er die Garantie für Treue. Sichert Liebeserfolg. Bietet Schutz auf Reisen. Schutzstein des Flugpersonals. Bewahrt vor Unglück und Unfällen. Steigert die Popularität. Fördert die Aufrichtigkeit. Mächtiger Talisman, dient als Abwehr gegen fremde Einflüsse. Schützt vor Angst und verleiht Selbstsicherheit. Macht deprimierte Menschen fröhlich. Blauer Stein ohne schwarze Adern bringt Glück und Reichtum. Dem Hals-Chakra zugeordnet.

WIRKUNG Stärkt den Kreislauf und lindert Stress. Wirksam bei Kopfschmerzen und Sauerstoffmangel. Anwendbar bei Erkrankungen von Hals, Atemwegen und Lungen. Gegen Fieber, Masern und Malaria. Steigert die Durchblutung des Muskelgewebes. Innere Geschwüre und eine ungenügende Leberfunktion sollen beseitigt werden. Heilsam bei Fuß-, Bein- und Lendenproblemen. Abwehr von Hysterie und Alpträumen. Stotternde Kinder sollten Türkis bei sich tragen.

Der Türkis ist sehr empfindlich und weich. Verblasste oder zersprungene Steine sollte man in der Erde vergraben; sie haben ihre Kraft für den Träger ganz verbraucht und müssen sich regenerieren. Seifen, Chemikalien und Säuren schaden dem Stein.

Am besten in trockenem Salz entladen.

TURMALIN

Dazu gehören:
Grüner Turmalin, Indigolith (blau)
Rubellith (rosarot), Schörl (schwarz)
Achroit (farblos)

BEDEUTUNG Stärkt die Geisteskraft und das Gedächtnis. Erhält die Gesundheit. Reinigt den Körper von innen. Schützt vor Verwundungen. Grüner Turmalin klärt die Chakren.

WIRKUNG Schützt die Stimmbänder und lindert Hals- sowie Kehlkopferkrankungen. Sorgt für gesunde Zähne, Knochen, Nägel und Haare. Reguliert Blutarmut, zu niedrigen Blutdruck und wirkt blutreinigend. Löst Krampfadern sowie Verdauungsprobleme. Beruhigt und stärkt die Nerven,

lindert starke neuralgische Schmerzen. Heilsam bei Gicht und Ischiasleiden. Soll die Heilung und Stärkung des Hirns bewirken. Vermindert Depressionen und psychische Probleme. Bringt Harmonie und stärkt den Familiensinn.

Indigolith: Gut bei Konzentrationsschwäche. Stärkt die Lunge. Lindert psychosomatische Erkrankungen.

RUBELLIT: Aktiviert unser Immunsystem und nimmt Schwindelanfälle. Lindert Arthritis. Hilfreich bei Menstruationsproblemen, Geschlechtskrankheiten und Unfruchtbarkeit. Befreit von Angst. Verleiht Willenskraft und Selbstachtung. Verstärkt die Ausdruckskraft und erhöht die Konzentration. Erfüllt uns mit Freude und Begeisterung.

SCHÖRL: Gilt als kräftigster Schutzstein. Aktiviert den Kreislauf und stärkt das Herz. Stimuliert die Reflexpunkte des Steißbeines und die mit diesem Chakra verbundenen Störungen wie Arthritis, Legasthenie, Orientierungslosigkeit und Ängste werden gelindert. Bringt Hilfe bei Neurosen. Löst Energieblockaden und bietet Schutz vor dem Negativen.

ACHROIT: Anwendbar bei Ohrenleiden und Taubheit. Wirkt muskelkräftigend. Vertreibt Melancholie und ist hilfreich bei Kopfschmerzen.
Unter fließendem Wasser entladen.

ZIRKON
HYAZINTH
(gelb-rot-brauner Zirkon)

BEDEUTUNG Symbolisiert Glauben. Kräftigt die Aura und stärkt den Geist. Erfreut das Herz. Abwehrmittel gegen alles Böse und Ungesunde in der Welt. Bringt Reichtum. Fördert die Entwicklung der Persönlichkeit und höhere Erkenntnis (himmelblauer Zirkon).

WIRKUNG Hilft gegen Heuschnupfen, Asthma und Allergien. Heilsam bei Milz- und Herzkrankheiten. Vertreibt Flüssigkeit aus der Lunge. Hilft bei Pilzbefall von Haaren und Nägeln. Wirksam gegen Geschlechtskrankheiten. Hirnschäden und Hautleiden sollen behoben werden. Anwendbar bei

Korpulenz. Gut gegen Schlaflosigkeit, Melancholie und Trägheit.
Nach jeder Behandlung im Salzbad entladen.

Bei der Behandlung mit Heilsteinen ist zu beachten, welcher Art die zu behandelnden Probleme sind. Betreffen sie die emotionale Ebene, sollte man zuerst die richtige Farbe wählen und den Stein in der Nähe des Chakras der entsprechenden Farbe auflegen oder anbinden.
Bei physischen Problemen empfiehlt es sich, den Stein direkt auf die betroffene Stelle zu legen.

Edelsteine und Sternzeichen

Steinbock Azurit-Malachit, Chrysoberyll, Chrysopras, Diamant, Labradorit, Mondstein, Onyx, schwarze Perle, Rauchquarz, Rubin, Turmalin

Wassermann Amethyst, Aquamarin, Aventurin, Azurit-Malachit, Falkenauge-Tigerauge, Granat, Onyx, Opal, blauer Topas, Türkis, Zirkon-Hyazinth

Fische Amethyst, Aquamarin, Chrysolith, Jade, Labradorit, Mondstein, Opal, Perle, Saphir

Widder Amethyst, Blutstein, Diamant, Granat, roter Jaspis, Karneol, Feueropal, Rubin, Rubellit

STIER Aventurin, Azurit-Malachit, Citrin, Karneol, Rosenquarz, Padparadscha, Smaragd, Turmalin, Zirkon-Hyazinth

ZWILLING Achat-Moosachat, Aquamarin, Bergkristall, Bernstein, Beryll, Chalzedon, Chrysolith, Citrin, Falkenauge-Tigerauge, gelber Topas

KREBS Aventurin, Chalzedon, Chrysolith, Chrysopras, Jade, Mondstein, Opal, Perle, Smaragd

LÖWE Bergkristall, Chrysoberyll, Chrysolith, Chrysopras, Diamant, Falkenauge-Tigerauge, Granat, Rutilquarz, gelber Topas

JUNGFRAU Achat-Moosachat, Bernstein, Beryll, Citrin, Falkenauge-Tigerauge, Jade, Jaspis-Heliotrop, Karneol, Saphir, Sardonyx

WAAGE Aquamarin, Aventurin, Jade, Koralle, Opal, Perle, Rosenquarz, Sternsaphir, Smaragd, orangener Topas, Indigolith

SKORPION Achat-Moosachat, Beryll, Blutstein, Granat, roter Jaspis, Karneol, Obsidian, schwarzer Opal, Rubin, Sardonyx, roter Spinell, gelber Topas, Rubellit, Hyazinth

SCHÜTZE Amethyst, Chalzedon, Chrysolith, Onyx, Opal, dunkelblauer Saphir, blauer Spinell, gelber Topas, Türkis

Stein der Geburtsstunde

1 Uhr	Rauchquarz
2 Uhr	Hämatit
3 Uhr	Malachit
4 Uhr	Lapislazuli
5 Uhr	Türkis
6 Uhr	Turmalin
7 Uhr	Chrysolith
8 Uhr	Amethyst
9 Uhr	Kunzit
10 Uhr	Saphir
11 Uhr	Granat

12 UHR	Diamant
13 UHR	Zirkon
14 UHR	Smaragd
15 UHR	Beryll
16 UHR	Topas
17 UHR	Rubin
18 UHR	Opal
19 UHR	Sardonyx
20 UHR	Chalzedon
21 UHR	Jade
22 UHR	Jaspis
23 UHR	Feuerstein
24 UHR	Onyx

Edelsteine des Geburtstages

Sonntag

Rubin, Topas

Montag

Perle, Opal, Bergkristall, Mondstein

Dienstag

Chalzedon, Amethyst, Rubin, Sternsaphir

MITTWOCH

Olivin, Jade, Achat, Amethyst

DONNERSTAG

Smaragd, Saphir, Karneol

FREITAG

Lapislazuli, Türkis, Smaragd, Katzenauge

SAMSTAG

Onyx, Türkis, Diamant

MONATSSTEINE

JANUAR
Granat, Rosenquarz, Opal, Hyazinth

FEBRUAR
Amethyst, Onyx, Saphir, Türkis

MÄRZ
Aquamarin, Chalzedon, Heliotrop, Turmalin

APRIL
Diamant, Bergkristall, Saphir, Zirkon

MAI
Smaragd, Chrysopras, gr. Beryll, Opal

JUNI
Perle, Mondst., Chalzedon, Tigerauge

JULI
Rubin, Karneol, Opal

AUGUST
Peridot, Aventurin, Onyx, Sardonyx, Bergkristall

SEPTEMBER
Saphir, Lapislazuli, Chrysolith, Goldberyll

OKTOBER
Turmalin, Opal, Aquamarin

NOVEMBER
Topas, Tigerauge, Citrin

DEZEMBER
Zirkon, Türkis, Chrysopras

Verzeichnis der Steine

Literaturverzeichnis

Bank, Prof.: Mein kleines Diamantenbuch.
Bögel: Knaurs Mineralien Buch.
Börner: Welcher Stein ist das?
Brusius: Die Magie der Edelsteine.
Chocron: Heilen mit Edelsteinen.
Crow: Die Magie der Edelsteine
Deaver: Die Geheimnisse des Bergkristalls.
Florek: Heilende Edelsteine.
Frieling Dr.: Edle Steine.
Hinks: Schmuck und Juwelen.
Johari: Die sanfte Kraft der edlen Steine.
Katz/Katz: Die Hüter der Edelsteine.
Klinger-Raatz: Die Geheimnisse edler Steine.
Lang: Das kleine Buch der Edelsteine.
Luzzatto-Bilitz: Antike Jaden.
Lüschen: Die Namen der Steine.
Mauder, Prof.: Mineralogie I,II.
Metz/Fanch: Edle Steine.
Palmer: Die verborgene Kraft der Kristalle und der Edelsteine.
Raphaell: Heilen mit Kristallen.
Richardson/Huett: Die geistigen Heilkräfte der Edelsteine.
Schaufelberger/Landherr: Die Kraft der Steine.
Schubnel: Edelsteine.
Strauß: Edelsteine und Schmucksteine.
Uyldert: Verborgene Kräfte der Edelsteine.
Zim, Prof./Shaffer: Steine.

Aus dem lieferbaren Mini-Angebot

Kochbüchlein

Berlin & Mark Brandenburg kulinarisch
Bierbüchlein • Branntweinbüchlein
Brasilianische Rezepte • Champignon & Co.
Alles vom Ei • Gemüseraritäten
Gesundes aus dem WOK • Exotische Gewürze
Grillbüchlein • Holunderrezepte • Kaffeebüchlein
Käsebüchlein • Kleines Kartoffelbuch
Kürbis-Büchlein • Lieblingskuchen
Mecklenburg-Vorpommern kulinarisch
Mehlspeisenbüchlein • Neues Fischbüchlein
Neues Nudelbüchlein • Neues Reisbüchlein
Noch mehr knackige Salate
Obstexoten • Ostpreußen-Kochbüchlein
Pfefferkuchenbäckerei
Pommern kulinarisch • Sachsen kulinarisch
Sachsen-Anhalt kulinarisch • Salzbüchlein
Sanddorn-Rezepte • Sauerkrautbüchlein
Schlesisches Kochbüchlein • Schokoladenbüchlein
Sektbüchlein • Stollenbüchlein • Teevergnügen
Thüringen kulinarisch • Weinbrevier

Whiskybüchlein • Wild-Rezepte
Zuckerbüchlein • Kleines Zwiebackbuch

Pflanzenbüchlein

Bäume & Sträucher Faszination Rosen
Heilkräuterbüchlein • Mythos Ginkgo
Kamelienbüchlein • Küchenkräuter
Naturapotheke • Tulpenbüchlein

Der besondere Band

Hans Christian Andersen • Beloved Sisi
Berlin für die Westentasche
Das kleine Bach-Büchlein
Auf der Sächsischen Burgen- und Schlösserstraße
Wilhelm Busch • Dresden für die Westentasche
Dresden in Pocket Size
Erzgebirgisches Weihnachtsbüchlein
Frauen-Weisheit • Geliebte Sisi
Glanz des Schönen • Fairy Tale King Ludwig
Faust-Zitate • Fußball-ABC • Fürst Pückler
Goethe-Zitate • Die grüne Fee: Absinth
Halle für die Westentasche
Heine-Zitate • Holunderrezepte

Hundebüchlein • Ich hab dich so lieb
Das kleine Kamasutra • Katzenbüchlein
Kinder sind die besten Philosophen
Küchenbüchlein • Leipzig für die Westentasche
Liebes Bett • Magdeburg für die Westentasche
Märchenkönig Ludwig II. • Claude Monet
Wolfgang Amadeus Mozart
München für die Westentasche • Nietzsche-Zitate
Parks & Gärten in Sachsen-Anhalt
Pferdebüchlein • Philosophinnen-Sprüche
Rainer Maria Rilke • Joachim Ringelnatz
Das kleine Sachsenbuch
Sandmännchen-Büchlein • Schiller-Zitate
Schnupfenbüchlein • Shakespeare-Zitate
Sommerglück • August Strindberg
Von Jahr zu Jahr • Weimar für die Westentasche
Auf der Sächsischen Weinstraße
Weisheiten der Welt
Wetter- & Bauernregelbüchlein
Winterglück • Witz und Weisheit der Tataren

BuchVerlag für die Frau
Gerichtsweg 28 · 04103 Leipzig